BEI GRIN MACHT SICH IHR WISSEN BEZAHLT

Bibliografische Information der Deutschen Nationalbibliothek:

Die Deutsche Bibliothek verzeichnet diese Publikation in der Deutschen National-
bibliografie; detaillierte bibliografische Daten sind im Internet über http://dnb.d-
nb.de/ abrufbar.

Impressum:

Copyright © 2013 GRIN Verlag, Open Publishing GmbH
Druck und Bindung: Books on Demand GmbH, Norderstedt Germany
ISBN: 978-3-668-04063-2

Dieses Buch bei GRIN:

http://www.grin.com/de/e-book/305837/die-kritik-der-apo-am-parlamentarismus-
vor-und-nach-1968

Marla van Nieuwland

Aus der Reihe: e-fellows.net stipendiaten-wissen

e-fellows.net (Hrsg.)

Band 1585

Die Kritik der APO am Parlamentarismus vor und nach 1968

GRIN Verlag

GRIN - Your knowledge has value

Der GRIN Verlag publiziert seit 1998 wissenschaftliche Arbeiten von Studenten, Hochschullehrern und anderen Akademikern als eBook und gedrucktes Buch. Die Verlagswebsite www.grin.com ist die ideale Plattform zur Veröffentlichung von Hausarbeiten, Abschlussarbeiten, wissenschaftlichen Aufsätzen, Dissertationen und Fachbüchern.

Besuchen Sie uns im Internet:

http://www.grin.com/

http://www.facebook.com/grincom

http://www.twitter.com/grin_com

Gymnasium Oedeme
Oedemer Weg 77
21335 Lüneburg

Seminarfach Jugend und Politik

FACHARBEIT ZUM THEMA

PARLAMENTSARBEIT VOR UND NACH 1968.
EIN VERGLEICH VOR DEM HINTERGRUND
DER PARLAMENTARISMUSKRITIK DER APO
AM BEISPIEL DER NOTSTANDSGESETZE

Vorgelegt von:

Marla van Nieuwland

Lüneburg, 28.02.13

Inhaltsverzeichnis

1 Vorbemerkung

Die Schwierigkeit der gestellten Aufgabe besteht darin, dass es hier eigentlich nicht nur um ein Thema geht, sondern genau genommen um drei Themen. Dabei ist das zentrale Thema „Parlamentsarbeit" auch bereits in zwei Abschnitte aufgeteilt: die Situation vor und nach 1968. Daneben gehört zur Aufgabenstellung eine Beschäftigung mit der APO und deren Parlamentarismuskritik. Schließlich soll diese Parlamentarismuskritik konkretisiert werden am Beispiel der Notstandsgesetze. Es wird nicht leicht sein, alle drei Themenbereiche in dem vorgegebenen Umfang so zu beleuchten, dass die Ausführungen hinreichend verständlich und nachvollziehbar sind und die Argumentation nicht oberflächlich erscheint. Ich werde mich bemühen, den genannten Anforderungen gerecht zu werden.

Abstract

Die Auseinandersetzung mit der Parlamentarismuskritik der APO von 1968 erscheint mir deshalb besonders interessant, weil ich untersuchen möchte, inwiefern die damaligen Ereignisse Einfluss auf die seinerzeit noch junge Demokratie in Deutschland und den Ablauf und die Organisation der Parlamentsarbeit gehabt haben.

Gerd Langguth, Politikprofessor in Bonn und als ehemaliger Bundesvorsitzender des „Ring christlich-demokratischer Studenten" eher ein Vertreter des konservativen Lagers, ist immerhin der Auffassung, dass die „68er Bewegung" das wichtigste innenpolitische Ereignis der Bundesrepublik Deutschland vor der Wiedervereinigung war (Langguth: 2001: 6). Ob diese These stimmt, soll im Weiteren näher überprüft werden.

Anlass und Beweggrund für die Parlamentarismuskritik der APO war in erster Linie die parlamentarische Beratung und Verabschiedung der Notstandsgesetze im Jahre 1968, die von erheblichen Protesten begleitet war und zu heftigen Kontroversen geführt hat.

Im Rahmen meiner Arbeit werde ich schließlich auch untersuchen, inwiefern die damalige Protestbewegung das heutige Politikverständnis und die heutigen Möglichkeiten der demokratischen Teilhabe an politischen Entscheidungen beeinflusst hat.

2 Einleitung

Ziel meiner Arbeit ist es festzustellen, welche Auswirkungen die Parlamentarismuskritik der Außerparlamentarischen Opposition von 1968 auf den Parlamentarismus in den Folgejahren hatte. Dafür ziehe ich neben der einschlägigen Fachliteratur auch Meinungen und Einschätzungen von Beobachtern und Aktivisten der damaligen Szene heran. Dabei lässt sich feststellen, dass sich die Ansichten der verschiedenen Autoren in der Bewertung der „68er Bewegung" keineswegs in eine einheitliche Richtung bewegen, sondern erkennbar von einem bestimmten politischen Vorverständnis geprägt sind und sich daher grundlegend unterscheiden.

3 Konzeptualisierung

Die Arbeit ist so gegliedert, dass ich zunächst die Aufgaben des Parlaments und die Parlamentsarbeit vor 1968 darstelle (Gliederungspunkt 4). Danach erläutere ich, was unter der „68er Bewegung" und der APO zu verstehen ist und worin die Parlamentarismuskritik der APO bestand (Gliederungspunkt 5). Der Gliederungspunkt 6 beschreibt dann den Protest der APO gegen die Notstandsgesetze. In Gliederungspunkt 7 wird der Frage nachgegangen, ob die „68er Bewegung" ein Erfolg gewesen ist. Gliederungspunkt 8 beleuchtet die Parlamentsarbeit nach 1968 und es werden die Unterschiede gegenüber der Zeit vor 1968 herausgearbeitet. Daran schließt sich eine Schlussbetrachtung an (Gliederungspunkt 9).

4 Die Parlamentsarbeit vor 1968

Die Bundesrepublik Deutschland ist nach ihrer Staatsform eine repräsentative Demokratie. Alle Staatsgewalt geht vom Volke aus (Art. 20 Abs. 2 S. 1 GG). Allerdings bestimmen die Bürger nicht selbst über die Gesetze und die Wahl der Regierung, sondern darüber beschließen die vom Volk gewählten Abgeordneten.

In Art. 38 Abs. 1 GG ist festgelegt, dass die Abgeordneten des Deutschen Bundestages durch Wahlen zu „Vertretern des ganzen Volkes" bestimmt werden. Eine der Hauptaufgaben des Parlaments ist die Wahl der Regierung (Art. 63 Abs. 1 GG). Die Mehrheit des Bundestages befindet darüber, wer Bundeskanzler wird und damit die Regierung leitet; die jeweilige Minderheit ist die sog. Opposition. Die Aufgabe des Parlaments ist es, die Regierung zu kontrollieren und über die

Gesetze zu beschließen. Da die Parlamentsmehrheit naturgemäß der Regierung politisch nahe steht, ist es wichtig, dass auch die Opposition zahlenmäßig und politisch stark genug ist, Entscheidungen und Vorlagen der Regierung zu überprüfen, durch intensive Diskussion im Parlament kritisch zu begleiten und durch eigene Anträge zu ergänzen. Die Demokratie lebt vom Meinungskampf zwischen den politischen Parteien, der insbesondere im Parlament geführt wird (vgl. Creifelds: 2007: 262).

Nach der Bundestagswahl 1966 hatten sich die Machtverhältnisse zwischen der Regierungsmehrheit und der Opposition deutlich verändert. Bis zum Jahre 1966 war die SPD als große Fraktion immer eine starke Oppositionspartei, nach Bildung der Großen Koalition zwischen der CDU/CSU und der SPD blieb nur noch die kleine FDP-Fraktion als Opposition übrig.

Darüber hinaus ist noch ein anderer Aspekt wesentlich für die Parlamentsarbeit vor 1968. Eine nähere Information darüber, was im Deutschen Bundestag passierte, war vielen Bürgern in der Nachkriegszeit gar nicht möglich. Der wesentliche Grund dafür war, dass es eine intensive Medienberichterstattung wie heute noch nicht gab. Auch das Interesse der Öffentlichkeit an der Politik und der Gesetzgebung war zu jener Zeit noch eher begrenzt. Die Bundesrepublik Deutschland war nach den Ereignissen des Nationalsozialismus und des 2. Weltkriegs noch eine junge Demokratie, in der sich die Menschen erst noch zurecht finden mussten. Der feste Glaube an die Obrigkeit war in großen Teilen der Bevölkerung noch ungebrochen (Uesseler: 1998: 25). Bürgerproteste, Bürgerinitiativen oder gar Formen der unmittelbaren Demokratie wie etwa Volksbegehren und Volksentscheide fehlten zu jener Zeit noch ganz.

5 Die „68er Bewegung"

Der Begriff „68er Bewegung" ist ein sehr allgemeiner Begriff ohne scharfe Konturen. Er beschreibt im Kern die studentischen Proteste, die zwischen 1965 und 1970 stattgefunden und sich gegen die bestehenden Verhältnisse in der Bundesrepublik Deutschland gerichtet haben. Die Jahreszahl 1968 gab der Bewegung ihren Namen, da sich in diesem Jahr die Auseinandersetzungen zwischen der Protestbewegung und den staatlichen Behörden massiv verschärft haben.

Es ist allerdings zu beachten, dass der Ausdruck „68er" erst später zur Umschreibung dieser Zeit geprägt wurde, während die Aktionen anfangs eher als „Studentenbewegung" umschrieben wurden.

Ziel der Bewegung war es, die sozialen und politischen Verhältnisse in Deutschland zu verändern. Dazu gehörte es, mehr Demokratie an den Hochschulen und in Staat und Gesellschaft zu fordern. Darüber hinaus spielten aber auch ganz andere Themen wie die Kritik an der Sexualmoral, die Gleichberechtigung der Geschlechter und der Protest gegen den Vietnamkrieg und den „US-Imperialismus" eine große Rolle (Hodenberg/Siegfried: 2006: 11).

Die „68er Bewegung" fand nicht nur auf nationaler Ebene statt. Auch in den USA, Frankreich, Italien, Polen, der Tschechoslowakei und anderen Staaten liefen zur gleichen Zeit Protestaktionen mit ähnlichem Inhalt. In der vorliegenden Arbeit werde ich mich allerdings auf die Protestbewegung in Deutschland beschränken.

5.1 Die APO

Die Außerparlamentarische Opposition (APO) war eine locker organisierte, politische Bewegung (Brockhaus: 1987: 367), die seit 1966 in der Bundesrepublik Deutschland aktiv war. Vor allem in Studentenkreisen, aber auch in den Gewerkschaften fand die Bewegung ihre Basis und ihre Anhänger (vgl. Dichgans: 1968: 8).Sie wandte sich gegen die aus ihrer Sicht obrigkeitsstaatlichen und autoritären Strukturen in Staat und Gesellschaft. Torsten Kraul spricht daher von einer „Jugendrevolte gegen das Establishment" (Krauel: 2001). „Macht kaputt, was euch kaputt macht" war ein typischer Slogan aus dieser Zeit (Uesseler: 1998: 9). Die APO wollte daher nach ihrem Selbstverständnis eine politische Opposition gegenüber den Machthabern in Parlament und Regierung sein, die ihre Ziele mit den Mitteln des außerparlamentarischen Protestes verfolgt. Seit 1966 gab es in der Bundesrepublik Deutschland eine Große Koalition von CDU/CSU und SPD unter Bundeskanzler Kurt Georg Kiesinger und angesichts der Machtverhältnisse im Deutschen Bundestag auch keine echte parlamentarische Opposition. Die FDP mit einem Wahlergebnis von unter 10% war als einzige Oppositionspartei viel zu schwach, um ein Gegengewicht zur Parlamentsmehrheit und damit auch zur Regierung zu sein (vgl. Vogt: 1972: 73; Wiesner: 1970: 262).

In dieser Situation bildete sich unter maßgeblicher Führung des Sozialistischen Deutschen Studentenbundes (SDS) die APO, eine linksgerichtete, „sozialistisch-marxistische" (Brockhaus: 1987: 367) Bewegung, die sich gegen die reaktionären Verhältnisse an den Hochschulen wendete und mit Nachdruck eine Hochschulreform einforderte. Eine typische Parole gegenüber den Verkrustungen an den Universitäten der damaligen Zeit lautete: „Unter den Talaren – Muff von 1000 Jahren" (Uesseler: 1998: 85). Die APO fand im Laufe der Zeit durchaus Unterstützung in der Bevölkerung, vor allem unter jungen Leuten und Schülern, da sich die Unzufriedenheit mit der Regierung und dem politischen System überall im Volk verbreitete.

Zu den Grundüberzeugungen der APO gehörte die kritische Distanz zu Staat und Parlament, die einzelne Wortführer und Gruppierungen innerhalb der Bewegung sogar veranlasste, APO mit „Antiparlamentarische Opposition" (Busche: 2005: 20) gleichzusetzen.

Karl A. Otto stellt die folgenden Problemfelder als die zentralen Themen der APO dar, mit denen sie sich hauptsächlich auseinandergesetzt bzw. gegen die sie sich hauptsächlich gewandt hat (Otto: 1977: 23):

-Notstandsgesetzgebung als Versuch einer Abschaffung der Demokratie von oben
-Große Koalition als Verfestigung des Establishments
-ehemalige Nazis in führenden Ämtern als Zeichen der Restauration
-Demokratisierung der Gesellschaft von Sozialisierung oder Mitbestimmung über Abbau der politischen Justiz bis zu einem neuen Ehescheidungsrecht
-Kampf gegen die privatwirtschaftliche Konzentration der Presse
-Abrüstung und Kampf gegen die Atomrüstung der Bundeswehr
-Diplomatische Beziehungen zu osteuropäischen Staaten einschließlich der DDR als Voraussetzung einer europäischen Friedensordnung
- Unterstützung der Befreiungsbewegungen in den Entwicklungsländern, die gegen Kolonialmächte und traditionelle Oligarchien gerichtet sind
- Vietnam als Befreiungskampf eines Volkes und als unmenschlicher Krieg

Die Aktivitäten und die Handlungsweisen der APO waren in den verschiedenen gesellschaftlichen Bereichen ganz unterschiedlich. Die Aktionen der APO brachten auch völlig neue Formen des Protests aus Amerika nach Deutschland. Dazu gehörten u.a. „Go-ins", „Sit-ins" und „Teach-ins", mit denen die aus ihrer Sicht undemokratischen und reaktionären Verhältnisse an den Universitäten angeprangert werden sollten (Riemeck: 1968: 77).

Die Aktivisten der APO boykottierten Lehrveranstaltungen, sprengten Sitzungen der Hochschulgremien und organisierten Demonstrationen in der Öffentlichkeit, um auf die Bildungsmisere aufmerksam zu machen (Wiesner: 1970: 263). So passierte es fast täglich, dass die Aktivisten der APO Hörsäle an den Universitäten in Berlin, Frankfurt oder Marburg besetzten und die Lehrveranstaltungen zu politischen Kundgebungen umfunktionierten, um ihren politischen Forderungen Nachdruck zu verleihen. Als Folge der Proteste wurde häufig der normale Betrieb an Universitäten und anderen öffentlichen Einrichtungen eingestellt.

Seit dem Jahr 1967 verstärkten sich auch gewaltsame Aktionen, zum Beispiel bei Angriffen auf den Springer Verlag oder auch bei tätlichen Auseinandersetzungen mit der Polizei. Nicht selten gab es dabei Verletzte auf beiden Seiten (Uesseler: 1998: 192 ff).

Ende der 60er Jahre zerfiel die APO zunehmend in ganz unterschiedliche politische Kleingruppen, die unabhängig voneinander agierten und ganz unterschiedliche Ziele verfolgten. Dabei spielte die Auflösung des SDS, der durch seine große Mitgliederzahl, seine programmatischen Texte und die geschickte Rhetorik seiner führenden Leute gleichsam die politische Führung der APO innehatte, am 21. März 1970 eine wesentliche Rolle (Wolff/Windaus: 1977: 246).

5.2 Die Parlamentarismuskritik der APO

Die Parlamentarismuskritik wurde vor allem von den studentischen Gruppierungen der APO, insbesondere dem SDS, diskutiert und in die Öffentlichkeit getragen. Die Kritik richtete sich dabei nicht nur gegen die Bundesregierung, sondern vor allem auch gegen den Deutschen Bundestag und die in ihm vertretenen Parteien. Mit seiner 1967 erschienen Schrift hatte der Politologe Johannes Agnoli eine Radikalkritik der Bonner Demokratie formuliert, die Bundesrepublik als tendenziell faschistisch bezeichnet und die demokratische Legitimation des Parlaments in Frage gestellt (Kraushaar: 2008: 143). Die APO und der SDS kritisierten, dass die Bürger kein wirkliches Mitspracherecht mehr an politischen Entscheidungen hätten.

Die Funktionsfähigkeit der Volksvertretung war zu jener Zeit allerdings auch von namhaften Politikwissenschaftlern in Zweifel gezogen worden (ibid: 2007: 163). Es wurde bemängelt, dass die politischen Entscheidungen nicht in der Volksvertretung fallen würden, sondern im Kabinett, den Ministerien, speziellen Ausschüssen oder anderen staatlichen Organen (ibid: 2001: 20). Es finde eine Entmachtung des Parlaments statt, dass nur noch Akklamationsinstrument der Regierung sei (ibid: 2008: 143).

Repräsentative Demokratie und Parlamentarismus waren in den Augen der APO Ausdruck eines repressiven Herrschaftssystems, das die Ausbeutung der Arbeiter verschleiere und die Privilegien der Besitzenden beschütze (ibid: 2008: 144). In einem Fernsehinterview vom 3. Dezember 1967 in der Sendung „Zu Protokoll" der ARD erklärte der SDS Aktivist Rudi Dutschke dazu:

> „Ich halte das bestehende parlamentarische System für unbrauchbar. Das heißt, wir haben in unserem Parlament keine Repräsentanten, die die Interessen unserer Bevölkerung – die wirklichen Interessen unserer Bevölkerung – ausdrücken. Sie können jetzt fragen: Welche wirklichen Interessen? Aber da sind Ansprüche da. Sogar im Parlament. Wiedervereinigungsanspruch, Sicherung der Arbeitsplätze, Sicherung der Staatsfinanzen, in Ordnung zu bringende Ökonomie, all das sind Ansprüche die muss aber das Parlament verwirklichen, aber das kann es nur verwirklichen, wenn es einen kritischen Dialog herstellt mit der Bevölkerung. Nun gibt es aber eine totale Trennung zwischen den Repräsentanten im Parlament und dem in Unmündigkeit gehaltenen Volk."

Nach Meinung des SDS müsste sich die Arbeit des Bundestages grundlegend ändern, um wieder bürgernäher und demokratischer zu sein und die Entfremdung zwischen Regierenden und Regierten zu überwinden.

6 Der Protest der APO gegen die Notstandsgesetze

Die harten Auseinandersetzungen um die Notstandsgesetze sind nur zu verstehen, wenn man sich zunächst ihren Inhalt vor Augen führt.

6.1 Die Notstandsgesetze

Anlass für eine Einfügung der Notstandsgesetze in das deutsche Grundgesetz war ursprünglich eine Forderung der Alliierten nach dem 2. Weltkrieg, ihre in Deutschland stationierten Truppen vor Übergriffen zu schützen. Eine Notstandsgesetzgebung war sogar die Bedingung für Deutschland, um wieder die vollständige Souveränität zu erhalten (vgl. Creifelds: 2007: 829). Die Notstandsgesetze bedeuteten eine Änderung des Grundgesetzes, die darauf abzielte, im Falle einer inneren oder äußeren Krise (Aufstand, Krieg) oder einer Naturkatastrophe die Handlungsmöglichkeiten der staatlichen Behörden zu erweitern und dafür auch Grundrechte der Bürger einschränken zu können. Die Notstandsgesetze dienten aber auch dem Zweck, bei wirtschaftlichen Krisen und sozialen Unruhen wie je-

nen in der Weimarer Republik, die letztlich zur Machtergreifung durch die Natio-
nalsozialisten geführt haben, schneller und effizienter handeln zu können. Die ersten Entwürfe für eine entsprechende Gesetzgebung stammten bereits aus dem
Jahre 1958 (Kraushaar: 2008: 163).

Aus der Sicht des Journalisten und Zeitzeugen Rolf Uesseler handelte es sich bei
den Notstandsgesetzen um die Suspendierung der Demokratie im Falle eines nicht
näher präzisierten 'Ernstfalles' , den Regierung und/oder NATO als 'Notstand' de-
klarieren könnten. Besonders die Versammlungsfreiheit, das Recht auf freie Mei-
nungsäußerung, das Postgeheimnis, die Freizügigkeit und die freie Berufswahl
(Uesseler: 1998: 301) seien im Falle eines Notstands bedroht.

Überall in der Bevölkerung befürchtete man auf Grund der Erweiterung der staatlichen Befugnisse ein neues Ermächtigungsgesetz, welches missbraucht werden
könnte, wie es seinerzeit durch die Nazis geschehen ist. Deswegen vereinten sich
viele Gruppen und Organisationen in ihrem Protest gegen die Notstandsgesetze.
Am 11. Mai 1968 zogen 80.000 Demonstranten aus der ganzen Republik in einem
Sternmarsch nach Bonn (ibid: 1998: 299).

6.2 Ursache und Entwicklung der Protestaktionen

Ursache des Protests der APO gegen die drohende Verabschiedung der Not-
standsgesetze war die weitverbreitete Annahme, diese Gesetzgebung schränke die
Grundrechte der Bürger in unzulässiger Weise ein und könne durch die jeweiligen
Machthaber missbraucht werden. Das sei das Ende der Demokratie.

Auf Grund der Großen Koalition gab es neben der vergleichsweise kleinen FDP
auch keine effektive Oppositionspartei im Parlament, die die Proteste in der Öffentlichkeit parlamentarisch hätte vertreten können. Daraufhin mischte sich neben
den Gewerkschaften die Studentenbewegung durch großangelegte Aktionen und
Proteste in den Meinungsbildungsprozess ein. Man begann mit zunächst eher
kleinen Aktionen, die sich im weiteren Verlauf allerdings deutlich verstärkten.
Sit-ins, Teach-ins oder Go-ins wurden an den Universitäten abgehalten, um auf
die Gefahren für die Demokratie durch die Notstandsgesetze und die für undemo-
kratisch gehaltene Situation im Parlament aufmerksam zu machen.

Dabei verhielt sich die APO anfangs noch einigermaßen friedlich und gewaltfrei.
Zwei Ereignisse waren es dann aber, die zu einer massiven Verschärfung der

Auseinandersetzungen führten. Einerseits die Ermordung des Studenten Benno Ohnesorg, der am 2. Juni 1967 im Zusammenhang mit Demonstrationen gegen den Besuch des Schah von Persien in Berlin von einem Polizisten erschossen wurde, und andererseits das Attentat auf den Studentenführer des SDS Rudi Dutschke vom 11. April 1968. Im Anschluss an diese beiden Ereignisse kam es zu Massendemonstrationen in Berlin und Bonn mit Zehntausenden Teilnehmern (vgl. Uesseler: 1998: 244 ; Wiesner: 1970: 274).

Die Mehrheit der Bevölkerung stand der APO bis dahin eher ablehnend gegenüber, da die Parolen und die Sprache der Studenten für den Normalbürger unverständlich waren und zudem die Presse des Springer-Konzerns geradezu eine Pogrom-Stimmung gegen Studenten und „Linke" schürte. Dadurch geriet der Axel Springer Verlag zunehmend ins Visier der APO unter dem Motto „Enteignet Springer" (Otto: 1977: 162). Es kam zu Ausschreitungen gegen die Gebäude des Springer Verlags, bei gewalttätigen Demonstrationen flogen Molotowcocktails und es wurden Fahrzeuge angezündet (vgl. Uesseler: 1998: 290).

Die Bundesregierung nahm die APO-Proteste nicht zur Kenntnis, sondern versuchte, das Thema Notstandsgesetze so schnell wie möglich abzuschließen, da sie fürchtete, dass durch eine längere Diskussion in der Bevölkerung die Chancen erschwert würden, die Gesetze möglichst geräuschlos über die Bühne zu bringen. Die Politik der Bundesregierung war es daher, von den Beratungen im Parlament über die Notstandsgesetze so wenig Informationen wie möglich öffentlich zu machen. Dazu bemerkt Gießler, dass es die APO war, „durch deren Veröffentlichungen der Bürger überhaupt erst die jeweils zur Beratung stehenden Texte im Wortlaut kennenlernen konnte" (Gießler: 1968: 169).

Auf Grund der nun zunehmend öffentlich geführten Debatte wuchs das Unbehagen der Bevölkerung über den Inhalt der Notstandsgesetze und das Ansehen der APO stieg selbst in bürgerlichen Kreisen. Auch die Presseberichte wurden zunehmend kritischer und so beklagte die Frankfurter Rundschau „Zynismus in Reinkultur" in der Äußerung der Bundesregierung, dass alle Texte offen und nichts geheim ist (ibid.: 1968: 169).

Den Bundestagsabgeordneten wurde schließlich die breite Ablehnung gegen die Notstandsgesetze immer deutlicher. Daher beschloss die SPD, sich zusammen mit der FDP für eine namentliche Abstimmung über die Gesetze einzusetzen, um auf diese Weise zumindest ein Stück Offenheit und Transparenz in den Ablauf und die Abstimmung zu bringen (ibid.: 1968: 169).

6.3 Die Verabschiedung der Notstandsgesetze und die Folgen

Die Große Koalition aus CDU/CSU und SPD verabschiedete die Notstandsgesetze am 30. Mai 1968 im Rahmen einer Grundgesetzänderung mit der dafür erforderlichen Zweidrittelmehrheit des Bundestages (Art. 79 Abs. 2 GG) trotz der großen Proteste von APO, SDS und den Gewerkschaften. An 28. Juni 1968 traten die Gesetze dann in Kraft. Gießler bemerkte dazu (1968: 170):

> „Mit 384 : 100 Stimmen billigte das Parlament die NSG. Die seit zehn Jahren umkämpften NSG haben im Parlament die letzte Hürde genommen. […] 20 entscheidende Artikel des Grundgesetzes sind damit geändert worden."

Die CDU Fraktion stimmte einheitlich mit Ja, die FDP bis auf eine Ausnahme mit Nein und die Abgeordneten der SPD votierten unterschiedlich mit Ja, Nein oder Enthaltung.

Insgesamt kann man das Ergebnis nicht als Erfolg für die APO verbuchen, und doch hat sie eine nicht zu unterschätzende Rolle im Gesetzgebungsverfahren gespielt. Zum ersten Mal waren Parlamentsgesetze auf teilweise erbitterten Widerstand in der Öffentlichkeit gestoßen und hatten zu Massenprotesten in der Bevölkerung geführt. Ohne die Aktionen und das Engagement der APO wären dem Bürger deutlich mehr Informationen über den Inhalt der Gesetzgebung verborgen geblieben und es hätte einen öffentlichen Willensbildungsprozess in dieser Form nicht gegeben. Trotz der Beteuerungen von Seiten der Bundesregierung, dass alle zur Beratung anstehenden Texte allgemein bekannt wären, bestand für den Normalbürger kaum eine Möglichkeit, sich näher über das Thema zu informieren und aktiv in die Diskussion einzubringen. Dass dies zum ersten Mal in der Geschichte der Bundesrepublik Deutschland geschehen ist, ist zweifellos das Verdienst der außerparlamentarischen Opposition und der sie tragenden Gruppierungen.

7 Die 68er Bewegung ein Erfolg ?

Wie die „68er Bewegung" zu bewerten ist, hängt in erster Linie vom eigenen politischen Standpunkt ab und ist deshalb höchst unterschiedlich. So urteilt der Politologe Gerd Langguth: „Sie [gemeint: die 68er Bewegung] war eine kulturrevolu-

tionäre Bewegung mit wenig Toleranz für Andersdenkende, die gegen die ver-
meintliche 'Repression der Herrschenden' mit eigener 'Repression' antwortete"
(Langguth: 2001: 17). Demgegenüber schreibt die Historikerin Ingeborg Villinger: „Erst »1968« hat mehr Öffentlichkeit und Partizipation in die politische Kultur der Republik gebracht, hat den Kommunikationsraum verändert und erwei-
tert." (Vilinger: 199: 247). Wolfgang Kraushaar fasst die zum Thema veröffent-
lichte Literatur dahingehend zusammen: „Das am häufigsten zu hörende Ergebnis
lautet, politisch sei die damalige Bewegung zwar auf der ganzen Linie gescheitert,
soziokulturell jedoch habe sie, wenn auch unbeabsichtigt, im Nachhinein eine
Reihe von Erfolgen gezeigt." (Kraushaar: 2008: 286).

Kraushaar stellt dann allerdings drei politische Erfolge in den Vordergrund. Erstens ein „Teilerfolg in der Antinotstandsbewegung", zweitens ein „fast vollstän-
dig ignorierter Erfolg in der Bekämpfung der NPD, deren Einzug in den Bundestag im Herbst 1969 scheiterte", und drittens der daraus resultierende Beitrag zu
einer parlamentarischen Mehrheit für die Bildung einer sozialliberalen Koalition
von SPD und FDP unter Bundeskanzler Willy Brandt (ibid: 2008: 286). Kraushaar
geht sogar so weit zu sagen: „Ohne die Aktivitäten der APO wäre die Absicht der
Rechtsradikalen [gemeint: in den Bundestag einzuziehen] womöglich aufgegan-
gen und es hätte vielleicht sogar eine andere Republik gegeben" (ibid: 2008: 286).

Der Historiker Patrick Bernhard schließt sich der These an, dass die APO einen
nicht unerheblichen politischen Einfluss gehabt hat. „Ähnliches gilt für den Einfluss, den die '68er Bewegung' auf das staatliche Handeln ausübte. So setzte die
Revolte zwar den Reformprozess nicht in Gang – Diskussionen um Reformen gab
es bereits seit Beginn der sechziger Jahre. Doch hatte die Protestbewegung einen
nicht unbeträchtlichen Einfluss auf den weiteren Verlauf der Reformvorhaben in
den siebziger Jahren" (Bernhard: 2006: 193).

Zusammenfassend kann man sagen, dass die „68er Bewegung" ihre Ziele, näm-
lich das Verhindern der Notstandsgesetze, eine demokratische Hochschulreform,
die historische und politische Aufarbeitung des Nationalsozialismus und allgemein eine „Modernisierung der Herrschaftsformen" (Kraushaar: 2001: 20) nur in
Teilen verwirklicht hat. Andererseits ist ihr Beitrag bei der Demokratisierung der
Gesellschaft nach dem 2. Weltkrieg unbestreitbar.

8 Die Parlamentsarbeit nach 1968

Da Parlamentsarbeit regelmäßig durch inner- wie außerparlamentarische Faktoren beeinflusst wird, soll zwischen den politischen und gesellschaftlichen Auswirkungen der „68er Bewegung" unterschieden werden.

8.1 Politische Auswirkungen der „68er Bewegung"

Als politische Auswirkungen der „68er Bewegung" lassen sich drei Aspekte nennen. Erstens hat sich die Öffentlichkeitsarbeit des Bundestages grundlegend verändert, zweitens werden die Möglichkeiten einer direkten Teilhabe an Entscheidungsprozessen von den Bürgern, insbesondere durch Bürgerinitiativen, seither verstärkt wahrgenommen und drittens hat sich die Partei „Die Grünen" als neue politische Partei gegründet, die die Anti-Atom- und Friedenspolitik der „68er Bewegung" in sich aufgenommen hat.

8.1.1 Öffentlichkeitsarbeit des Bundestages

Nach dem Beschluss der Notstandsgesetze setzten sich vermehrt Abgeordnete für eine offenere Informationspolitik ein. Die Öffentlichkeitsarbeit des Parlaments und der Regierung befindet sich bis heute in einem stetigen Wandel und wurde immer weiter verstärkt. Heutzutage kann man so gut wie jede Bundestagsdebatte im Internet oder auch im Fernsehen verfolgen. Jede Lesung kann beobachtet und es kann sogar ein Sitzungskalender eingesehen werden, auf dem jede Sitzung der Ausschüsse oder des Plenums vermerkt ist. Die Protokolle und die Gesetzesmaterialien stehen jedermann zur Verfügung. Die Möglichkeiten sind praktisch umfassend, Entscheidungen und ihre Begründung nachzulesen und zu diskutieren.

8.1.2 Teilhabe an politischen Entscheidungsprozessen und Bürgerinitiativen

Grundsätzlich ist das Recht, eine Bürgerinitiative zu gründen, durch die Bestimmungen des Grundgesetzes gewährleistet. Die entsprechenden Bestimmungen finden sich im Grundrecht auf Meinungsfreiheit in Art. 5 und im Grundrecht auf Versammlungsfreiheit Art. 8 (Creifelds: 2007: 227). Gegen rechtswidrige Maßnahmen des Staates steht jedem Bürger der Rechtsweg zu den Gerichten offen (Art. 19 Abs. 4 GG). Darüber hinaus beinhaltet Artikel 17 ein allgemeines Beschwerderecht (Petitionsrecht): „Jedermann hat das Recht, sich einzeln oder in

---

Gemeinschaft mit anderen schriftlich mit Bitten oder Beschwerden an die zuständigen Stellen und an die Volksvertretung zu wenden."

Allerdings wurde von diesen Grundrechten früher eher selten Gebrauch gemacht. Dies änderte sich erst Ende der 60er Jahre, als sich durch die Protestbewegung der APO viele Menschen auch außerparlamentarisch zusammenfanden und für ihre Anliegen und politischen Ziele selbst aktiv wurden. Die Entstehung zahlreicher Bürgerinitiativen und Selbsthilfegruppen zu ganz unterschiedlichen Themen ist eine Folge der Öffnung und Politisierung der Gesellschaft nach 1968. Die Bürger fühlten sich zunehmend mitverantwortlich für die gesellschaftlichen Entwicklungen. Sie engagierten sich insbesondere im Bereich des Umweltschutzes und versuchten von nun an, ihre eigenen Überzeugungen gegen die Entscheidungen staatlicher Behörden durchzusetzen.

Die Veränderungen im politischen Bewusstsein der Bürger gingen auch nicht spurlos am Ablauf der Parlamentsarbeit und der Intensität parlamentarischer Auseinandersetzungen vorbei. Die Abgeordneten und Politiker mussten sich deutlich mehr mit den Anliegen der Bürger auseinandersetzen, um eine die Öffentlichkeit überzeugende und von der Mehrheit akzeptierte Entscheidung fällen zu können. Die Bürger waren insgesamt sehr viel politischer geworden als zuvor und akzeptierten nicht länger eine geheime Parlamentsarbeit, die nur hinter verschlossenen Türen stattfand. Stattdessen forderte man nun eine intensive Debatte um die Fragen, die für das Gemeinwohl und die Zukunft der Gesellschaft wichtig sind. Die jüngsten Beispiele sind die Proteste gegen „Stuttgart 21" oder die schon seit vielen Jahren stattfindenden Proteste gegen ein atomares Endlager in Gorleben.

8.1.3 Die Gründung der Partei „Die Grünen"

Schließlich ist auch die Gründung der Partei „Die Grünen" auf die gesellschaftlichen Veränderungen im Anschluss an die außerparlamentarische Opposition und die in ihrer Nachfolge entstandenen Bürgerinitiativen zurückzuführen. Die Bevölkerung hat in den 70er Jahren ein ausgeprägtes Umweltbewusstsein entwickelt und keine der großen Volksparteien hat es verstanden, die Unzufriedenheit mit den Eingriffen in die Natur aufzunehmen und in politische Programme umzusetzen. Daraus entstand im Jahre 1980 bundesweit die Partei „Die Grünen", deren Mitglieder sich hauptsächlich aus der Umwelt-, der Friedens- und der Anti-Atombewegung rekrutierten, und bei der aus einer losen Protestbewegung eine inzwischen etablierte Partei entstanden ist. Dies veränderte die Parlamentsarbeit dahingehend, dass es nun neben den drei bisherigen Parlamentsparteien CDU/CSU, SPD und FDP eine weitere politische Kraft in den Parlamenten gab, die nicht nur das Machtgefüge, sondern durch ihr unkonventionelles Auftreten auch die Kultur des Parlamentarismus verändert hat. Beispielhaft soll hier nur daran erinnert werden, dass der Grüne Joschka Fischer im Jahre 1985 mit weißen Turnschuhen im hessischen Landtag als Minister vereidigt wurde, was damals als Provokation empfunden wurde und zu großer Empörung bei den etablierten Parteien führte (vgl. Kraushaar: 2008: 237; N-TV: 2010).

8.2 Gesellschaftliche Auswirkungen der „68er Bewegung"

Zu den gesellschaftlichen Auswirkungen, die ihren Ursprung in den Ereignissen der „68er Bewegung" gehabt haben, gehören eine sehr viel offenere Diskussionskultur, die Mitbestimmung in den Unternehmen seit den 70er Jahren, die Emanzipationsbewegung und die Gleichberechtigung der Frau, die Friedensbewegung, die Liberalisierung der Sexualmoral durch ein verändertes Sexualstrafrecht und allgemein der Trend zum Abbau autoritärer Strukturen in Universitäten, Schulen sowie in Staat und Gesellschaft.

Die neue Diskussionskultur in Deutschland bewirkte, dass mehr politische Entscheidungen hinterfragt wurden und die Abgeordneten und Parteien ihre Positionen eingehender erklären mussten. Alte Standards, Werte und Normen wurden neu diskutiert und in Frage gestellt. Daraus resultierte beispielsweise, dass Frauen stärker für ihre Rechte eintraten. Man fand sich nicht länger damit ab, in Beruf und Familie benachteiligt zu werden, und Frauen forderten nicht nur nach Artikel 3 des Grundgesetzes die Gleichberechtigung auf dem Papier, sondern auch in der Realität. Frauenorganisationen forderten das Recht auf Abtreibung, wenn eine Frau die Schwangerschaft aus sozialen Gründen beenden will.

Dazu gehörte auch, dass das Ehe- und Familienrecht im Sinne der Gleichberechtigung geändert wurde, welches Männer noch bis in die 70er Jahre faktisch zu Alleinherrschern in der Familie machte und vor allem alleinerziehende Frauen benachteiligte (vgl. Creifelds: 2007: 521).

Alle diese Konfliktbereiche wurden nun intensiv diskutiert und dabei kam es auch zu harten politischen Auseinandersetzungen. Bestes Beispiel dafür ist die Diskussion um die Abtreibung in § 218 StGB. Die Art des Umgangs mit der Sexualität führte ebenfalls zu heftigen Diskussionen in der Gesellschaft. Man forderte das Recht, sich zu seiner sexuellen Orientierung offen bekennen zu können, ohne Diskriminierung fürchten zu müssen.

Allgemein lässt sich feststellen, dass die Gesellschaft in vielen Bereichen durch die „68er Bewegung" einen „Modernisierungsschub" erhalten hat, dessen Auswirkungen bis in die Gegenwart reichen (Langguth: 2001: 17).

9 Schlussbetrachtung

Abschließend lässt sich feststellen, dass die Auswirkungen der „68er Bewegung" deutlich ausgeprägter und nachhaltiger sind, als dies anfangs zu vermuten war. Die damalige Protestbewegung bestand aus unterschiedlichen Strömungen und hatte ganz verschiedene Methoden, mit denen sie gegen die bestehenden Strukturen in der Gesellschaft rebellierte. Dabei war die Kritik am Parlamentarismus und den Machtverhältnissen im Deutschen Bundestag zwar nicht das zentrale Hauptthema der APO, aber doch sicher eines mit nachhaltiger Wirkung. Auch in der Auseinandersetzung mit dem Parlamentarismus wird deutlich, dass die „68er Bewegung" in erster Linie eine antiautoritäre Bewegung gewesen ist, die sich zum Ziel gesetzt hat, die bestehenden Herrschaftsstrukturen zu verändern. Dies ist durchaus auch gelungen. Vielleicht nicht in vollem Umfang oder in allen Details, aber doch in einigen wichtigen Bereichen. Die Parlamentsarbeit konnte von nun an nicht mehr so ablaufen wie vor 1968. Politik fand nicht mehr hinter verschlossenen Türen statt, sondern vor den Augen der Öffentlichkeit. Der Deutsche Bundestag hat seine Öffentlichkeitsarbeit deutlich verstärkt und auch die Presse hat sehr viel mehr Anteil genommen an dem, was im Parlament stattfindet. Die eigentliche Auswirkung der Parlamentarismuskritik der APO bezieht sich aber nicht so sehr auf das politische System und den staatlichen Apparat, sondern viel mehr auf das demokratische Bewusstsein der Bevölkerung, die sich nicht länger geheime Sitzungen und Beschlüsse im Bundestag gefallen lässt, sondern aktiv mitwirken und mitgestalten will.

Insofern ist Gerd Langguth und seiner anfangs dargestellten These beizupflichten, dass die Protestbewegung der „68er" das wichtigste innenpolitische Ereignis in der Geschichte der Bundesrepublik Deutschland vor dem Fall der Mauer war.

10 Literatur

Bauß, Gerhard. 1980. *Die Studentenbewegung der sechziger Jahre.* Köln: Pahl-Rugenstein

Bernhard, Patrick. 2006. *An der „Friedensfront". Die APO, der Zivildienst und der gesellschaftliche Aufbruch der sechziger Jahre.* In: siehe Hodenberg, Christina von/ Siegfried, Detlef. S.164-200.

Brockhaus. 1987. *Brockhaus Enzyklopädie. Zweiter Band (APU-BEC).* 19. Auflage. Mannheim: F.A. Brockhaus-Verlag.

Busche, Jürgen. 2007. *Die 68er.* 2. Auflage. Berlin: BvT.

Creifelds, Carl. 2007. *Rechtswörterbuch.* 19. Auflage. München: Beck-Verlag.

Dichgans, Hans. 1968. *Der Gegensatz der Generationen.* Düsseldorf: Walter Rau.

Dollinger, Hans (Hg.). 1968. *Revolution gegen den Staat. Die außerparlamentarische Opposition – die neue Linke.* Bern; München; Wien: Rütten + Loening Verlag in der Scherz Gruppe.

Gießler, H. Jürgen. 1968. *APO Rebellion Mai 1968.* München: Pamphlet-Verlag G. Rosenberger.

Hodenberg, Christina von/ Siegfried, Detlef (Hg.). 2006. *Wo »1968« liegt. Reform und Revolte in der Geschichte der Bundesrepublik.* Göttingen: Vandenhoeck & Ruprecht.

Krauel, Thorsten. 2001. *Ein moralischer Irrweg.* In: Die Welt, vom 24.1.2001. Im Internet unter: http://www.welt.de/print-welt/article429806/Ein-moralischer-Irrweg.html [Stand: 16.02.13].

Kraushaar, Wolfgang. 2001. *Denkmodelle der 68er-Bewegung.* In: Aus Politik und Zeitgeschichte. *Die 68er Generation.* Jg. 22-23/2001. Bundeszentrale für politische Bildung (Hg.). S.14-27.

Kraushaar, Wolfgang. 2007. *Agnoli, die APO und der konstitutive Illiberalismus seiner Parlamentarismuskritik,* in: *Zeitschrift für Parlamentsfragen* 1/2007, Deutsche Vereinigung für Parlamentsfragen (Hg.). S.160-179. Berlin.

Kraushaar, Wolfgang. 2008. *Achtundsechzig. Eine Bilanz.* Berlin: Propyläen.

Langguth, Gerd/ Eisel, Stephan. 2001. *Mythos '68: Zur APO und ihren Folgen.* Konrad-Adenauer-Stiftung (Hg.).

N-TV. 2010. *Tabubruch in Turnschuhen.* Im Internet unter: http://www.n-tv.de/politik/Tabubruch-in-Turnschuhen-article2123521.html [Stand: 16.02.13].

Otto, Karl A.. 1977. *Vom Ostermarsch zur APO: Geschichte der ausserparlamentarischen Opposition in der Bundesrepublik 1960-70.* Frankfurt am Main; New York: Campus Verlag.

Riemeck, Renate. 1968. *Außerparlamentarische Opposition – heute.* In: Dollinger, Hans. S.72-79.

Uesseler, Rolf. 1998. *Die 68er: „Macht kaputt, was Euch kaputt macht!".* München: Wilhelm Heyne Verlag.

Villinger, Ingeborg. 1998. *Stelle sich jemand vor wir hätten gesiegt.* in: Ingrid Gilcher-Holtey (Hg.). *1968: Vom Ereignis zum Gegenstand der Geschichtswissenschaft.* S.239-256. Göttingen: Vandenhoek & Ruprecht.

Vogt, Hannah. 1972. *Parlamentarische und außerparlamentarische Opposition.* Opladen: Leske Verlag.

Wiesner, Joachim. 1970. *Studenten-Protest, „Außerparlamentarische Opposition" und Gesellschaftsrevolution in den 60er Jahren.* In: Institut für Gesellschaftswissenschaften (Hg.). 1970. *Die Neue Ordnung.* 24/1970 Heft 4. Bonn. *S.262-279.*

Wolff, Frank/ Windaus, Eberhard (Hg.). 1977. *Studentenbewegung 1967-69.* Frankfurt am Main: Verlag Roter Stern.

Wolfschlag, Claus-M. (Hg.). 1998. *Bye-bye '68 ...: Renegaten der Linken APO-Abweichler und allerlei Querdenker berichten.* Graz: Leopold Stocker Verlag.